POLOS OPUESTOS

EDICIÓN PATHFINDER

Por Dolores Johnson y Michael E. Ruane

CONTENIDO

Hace más de 100 años, el explorador afroamericano Matthew Henson hizo lo que nadie había hecho antes. Se enfrentó al frío glacial, al hielo y al racismo para llegar al Polo Norte.

AVENTURERO DEL ÁR

Por Dolores Johnson

Autora del libro *Onward* de National Geographic

Matthew Henson avanzaba a toda velocidad sobre el hielo. El **Polo Norte** estaba a pocas millas de distancia. La fecha era abril de 1909, y nadie antes había llegado al punto más al norte de la Tierra.

Henson talló un camino en el hielo. Los esquís de su trineo cortaban la nieve endurecida como cuchillas. Sus perros aullaban ansiosos mientras tiraban del trineo.

De repente el hielo se partió. Henson, sus perros y el trineo se hundieron en las aguas heladas del océano Ártico. Henson luchó por sobrevivir. Tragó agua helada. ¿Había malgastado su vida persiguiendo un sueño, solo para fracasar?

Los peligros del hielo

Muchos exploradores habían tratado de llegar al Polo Norte. Se enfrentaron a un brutal laberinto de peligros. Las crestas de presión llegaban a tener la altura de edificios de seis pisos. Profundas grietas, o agujeros, se abrían en el hielo. Las temperaturas caían hasta alcanzar los 50 grados Celsius bajo cero (menos 59 grados Fahrenheit).

Esa primavera, mientras Henson se dirigía a toda prisa hacia el Polo, el hielo comenzó su derretimiento anual. Las grietas, o brechas en el hielo, hacían que los viajes fueran muy peligrosos. Sin embargo, Henson estaba decidido a triunfar.

Comienza la travesía

El sueño ártico de Henson había comenzado 18 años antes con una oferta del explorador Robert Peary. Ambos habían trabajado juntos en Nicaragua. Peary era ingeniero. Henson comenzó a trabajar como asistente de Peary. Rápidamente se convirtió en su mano derecha.

En 1891, Peary comenzó a planear un viaje a Groenlandia, en el **Círculo Polar Ártico**. Quería utilizar Groenlandia como base para una posterior **expedición** hacia el Polo Norte. Peary quería que Henson le ayudara. Sin embargo, se preguntaba si un hombre cuyos antepasados venían del clima cálido de África podría sobrevivir al frío.

"Iré hacia el Norte con usted, señor, y creo que lo resistiré igual que cualquier otro hombre", le dijo Henson, confiado. Peary estuvo de acuerdo. Durante el viaje, Henson construyó trineos. También cazó, cocinó e incluso construyó muletas cuando Peary se rompió una pierna.

Ambos hombres aspiraban a ser exploradores célebres, como Cristóbal Colón. Henson pensó que, si tenía éxito, podría contribuir a que los afroamericanos se sintieran orgullosos. En esa época, la mayoría de los afroamericanos de los Estados Unidos tenía empleos que no requerían capacitación especial. Ciertamente no se esperaba que se convirtieran en exploradores famosos y respetados.

Un camino difícil. *Los miembros de la expedición viajaron sobre hielo escarpado e irregular (abajo). Para mantenerse sobre la nieve, usaban raquetas especiales para nieve (derecha).*

Aptitudes de supervivencia

En Groenlandia, los expedicionarios se alojaron con los indígenas, los esquimales. Henson aprendió el idioma de los esquimales. Los trataba como si fueran parte de su familia. "He llegado a amar a esa gente", escribió en un libro sobre sus viajes. Los esquimales llamaron a Henson "Maripaluk", Matthew el bondadoso.

Le enseñaron a Henson las destrezas necesarias para sobrevivir en el inhóspito Ártico. Aprendió a construir casas de hielo, llamadas iglúes. Aprendió a cazar caribúes y bueyes almizcleros.

Las mujeres esquimales utilizaron piel de zorro y pieles de foca y ciervo para coser ropa de abrigo para los exploradores. Los esquimales también enseñaron a los exploradores la clave de los viajes por el Ártico: cómo conducir trineos tirados por perros.

Haciéndole frente a los contratiempos

Entre 1891 y 1906, Peary realizó siete viajes al Ártico. Cada vez, su equipo aprendió duras lecciones sobre los peligros que había allí. Los trineos se rompían. Los perros se debilitaban y morían. Los hombres se accidentaban. Peary incluso perdió la mayoría de los dedos de sus pies debido a la congelación.

El hielo flotaba en el océano debajo de los pies de los exploradores. Los desviaba millas de su curso. El hielo gemía y crujía. Se agrietaba. No podían cruzar las grietas acuosas hasta que el hielo se volviera a congelar.

Cada viaje acercaba más a Peary y Henson al Polo. Trataron de llegar al Polo en 1906, pero se vieron obligados a retroceder. Dos años más tarde, decidieron volver a intentarlo. Estaban envejeciendo. Esta expedición sería probablemente la última.

El 6 de julio de 1908, Peary, Henson y otros seis exploradores navegaron hacia el cabo Sheridan, en Canadá. Su barco se abría camino como podía a través de un océano plagado de témpanos de hielo. Desembarcaron 665 kilómetros (413 millas) al sur del Polo Norte.

La expedición contaba con 19 trineos, 133 perros y 24 hombres, entre ellos 17 esquimales. Empacaron pemmican (carne molida azucarada y grasa animal), galletas, leche condensada y té para cada hombre. Trajeron pemmican sin endulzar para los perros.

Vestimenta para el Ártico. *Henson usaba un traje hecho de piel y cosido por las mujeres esquimales.*

Rastreando sus pasos. *Este mapa muestra la ruta seguida por Henson para arribar al Polo Norte.*

El asalto final al Polo

La expedición final comenzó a fines de febrero de 1909. "A partir de ahí lo importante era seguir adelante, y lo hicimos", escribió Henson. Peary envió un equipo que se adelantara al resto para abrir el camino. Sus integrantes usaron hachas para abrirse paso a través de gigantescas crestas de presión. Hacía frío. "El aliento se congelaba en nuestras capuchas", escribió Henson.

A medida que la expedición se acercaba al Polo Norte, Peary enviaba a la mayoría de los hombres de regreso. Solo un pequeño grupo recorrería el trecho final. De esa manera habría suficientes alimentos y suministros. Finalmente, Peary había enviado de vuelta a todo el mundo excepto a Henson y a cuatro esquimales. Henson estaba eufórico. ¡Iría con Peary hacia Polo Norte!

A principios de abril, solo les faltaban 214 kilómetros (133 millas). Peary envió a Henson y a su equipo de esquimales adelante para despejar el sendero final. Gritando "¡Jak! ¡Jak!", Henson alentó a sus perros a avanzar. Cada día, conducía su trineo hasta 40 kilómetros (25 millas).

Todo iba bien hasta el momento en el que Henson cayó al agua. Henson luchó por sobrevivir. Ootah, un esquimal, lo tomó por el cuello y lo sacó. Ootah guió al equipo de perros de Henson hacia una zona de hielo más firme. Henson estaba empapado y aterido. Pero su sueño seguía vivo.

El ansiado arribo al Polo Norte

El 5 de abril, Peary miró a través de su sextante. ¡La **herramienta de navegación** le mostró que el Polo Norte estaba a solo 56 kilómetros (35 millas) de distancia! El 6 de abril, Peary le volvió a pedir a Henson que despejara el sendero hacia el Norte.

Henson sólo se detuvo cuando su instinto le indicó que había arribado al Polo Norte. Él y su equipo construyeron iglúes. Cuando Peary llegó 45 minutos más tarde, Henson le dijo: "Creo que he sido el primer hombre que se ha sentado sobre la cima del mundo".

El sextante de Peary lo confirmó. Estaban a menos de cinco kilómetros (tres millas) del Polo Norte. Eso era lo suficientemente cerca como para considerar que habían llegado. Seguros en sus iglúes, los hombres durmieron exhaustos.

Al día siguiente, Peary condujo al equipo varias millas más allá del campamento para asegurarse de que realmente tocaran el Polo Norte.

Bien abrigado. *Henson usó este traje de piel en sus viajes. Lo mantenía caliente en el gélido frío del Polo Norte.*

¡Éxito! *En el Polo Norte, Henson (centro) y cuatro miembros esquimales de la expedición posaron con banderas.*

El regreso a casa

Henson lideró el camino hacia el Sur. Después de una travesía de 16 días a través del hielo, arribaron a su barco. Mientras navegaban de regreso casa, recibieron una noticia impactante. El Dr. Frederick Cook era un explorador que había participado en expediciones anteriores de Peary. Cook ahora proclamaba que había arribado al Polo Norte en 1908, casi un año antes que Peary y Henson.

Cook era una persona agradable. Los estadounidenses le creyeron. Henson trató de defender la expedición de Peary. La gente se le reía. Lo llamaban ignorante. No creían que un hombre negro hubiera alcanzado el Polo Norte.

Una investigación demostró que Cook había mentido. Peary obtuvo premios y un lugar especial en la historia por ser la primera persona que llegó al Polo Norte. Fue un célebre explorador.

Honrando a Henson

En un primer momento, Henson fue recordado sólo como asistente de Peary, no como un famoso explorador. De regreso a casa, trabajó como mensajero y como empleado administrativo para el gobierno de los EE.UU.

Al final de su vida, el verdadero papel de Henson finalmente llegó a ser ampliamente conocido. Obtuvo una medalla del Congreso. Fue recibido en la Casa Blanca. Fue invitado a ingresar al famoso Explorers Club. En el año 2000, después de su muerte, la National Geographic Society le otorgó a Henson su mayor distinción, la Medalla de Oro Hubbard.

Actualmente, los dos famosos exploradores están unidos para siempre. Peary y Henson están enterrados uno al lado del otro. En la lápida de la tumba de Henson se puede leer: "La seducción del Ártico tironea de mi corazón. El camino hacia él me está llamando".

VOCABULARIO

Círculo Polar Ártico: zona que rodea el Polo Norte

expedición: larga travesía realizada por un grupo de personas para explorar un área

herramienta de navegación: instrumento que ayuda a guiar a alguien por el camino durante el viaje

Polo Norte: el punto más al Norte del eje de la Tierra

Polo Sur: el punto más al Sur del eje de la Tierra

La carrera

Únete a los dos exploradores en

Dos hombres, un objetivo

Scott no era el único que trataba de llegar al Polo Sur. Allí también estaba Roald Amundsen. Él había vivido cerca del Polo Norte. Allí aprendió a entrenar a los perros de trineo y a vestirse para el clima frío.

Ambos hombres soñaban con alcanzar el Polo Sur primero porque deseaban el éxito para sí mismos y para sus países. Scott era de Gran Bretaña; Amundsen era de Noruega.

¡De modo que el viaje al Polo Sur sería una carrera! Para lograr su objetivo, viajarían más de 2900 kilómetros (1800 millas). Sufirían congelamiento, ceguera por la nieve e inanición. Al final, solo uno de ellos llegaría primero. El otro perdería la vida.

Preparándose

Durante el invierno, cada equipo permaneció en campamentos separados. Hicieron planes y se prepararon para su viaje al Polo.

Cada equipo decidió seguir una ruta diferente. Scott planeó utilizar la misma que había empleado antes. Amundsen decidió ir por una zona no cartografiada.

Con sus rutas seleccionadas, los exploradores enviaron equipos para establecer estaciones de abastecimiento. Dejaron en cada una alimentos y combustible para calentarse. De esta manera, los exploradores no tendrían que transportar todo consigo en su camino hacia el Polo.

Por Michael E. Ruane

EL PONI RELINCHABA a medida que se sumergía en la nieve profunda. Robert F. Scott miraba mientras el poni trataba de ponerse en pie. Le costaba un gran esfuerzo sacar su pata de la nieve, sólo para luego hundirla de nuevo con el paso siguiente. Tal vez Scott había cometido un error al traer tantos ponis en lugar de perros de trineo. Los ponis ya estaban teniendo problemas.

Era el invierno de 1911, y Scott esperaba ser la primera persona en llegar al **Polo Sur**. Ya lo había intentado una vez. En otra expedición, Scott y dos miembros del equipo se habían aproximado al Polo, pero habían tenido que dar marcha atrás. Los perros de trineo habían sido de poca ayuda en ese viaje. Fue por eso que en esta ocasión había elegido traer ponis.

La comida que empacaron los hombres no era la más sabrosa. Sin embargo, les brindaría la energía que necesitaban para tratar de alcanzar su meta.

Peligro sobre el hielo

Con su última estación de suministro ya establecida, Scott y su equipo se dirigieron de regreso al campamento. Entonces ocurrió algo inesperado.

Todo un equipo de perros de trineo cayó en una profunda grieta del hielo llamada fisura de glaciar. Atados juntos, ahora colgaban del borde del hielo.

Los perros asustados aullaban. Luchaban por liberarse. Poco a poco, los hombres los sacaron de allí. Dos de los perros se habían soltado del arnés. Habían caído en una saliente debajo de la superficie. Estaban atrapados.

Un intento de rescate parecía demasiado arriesgado. Sin embargo, Scott se negó a abandonar a los perros a su suerte. Ordenó a sus hombres utilizar una cuerda para bajarlo hasta la saliente. Pudo recoger a los perros. Luego los hombres sacaron a Scott y a los perros de allí.

Mejor equipo. *Un miembro del equipo de Amundsen trabaja en un trineo para que se deslice fácilmente sobre el hielo y la nieve.*

Un perro de trabajo. *Chris fue uno de los pocos perros de trineo que utilizó Scott en su viaje al Polo Sur.*

Amundsen y sus hombres miran la bandera de su país en el Polo Sur.

Comienza la carrera

AMUNDSEN: Finalmente, llegó la primavera. Al fin, Amundsen se sentía listo. Eligió a sus cuatro hombres más fuertes para acompañarlo. Una vez cargados los trineos, los perros salieron a toda velocidad y los hombres esquiaron junto a ellos.

La nieve y los fuertes vientos los empujaban hacia atrás. El uso de pieles de reno mantuvo calientes a los hombres. Botas de piel de foca mantuvieron sus pies secos.

Amundsen y sus hombres trabajaban bien en equipo. Un día, una aullante tormenta de nieve azotó el hielo. En menos de una hora, el equipo instaló calmamente sus tiendas de campaña, disfrutó de una comida y alimentó a los perros.

SCOTT: Mientras tanto, Scott se encontraba todavía en su campamento. Finalmente, partió dos semanas después que Amundsen. Aún creía que los ponis eran más resistentes que los perros de trineo. Si los ponis o los perros le fallaban, Scott planeaba hacer que sus hombres tiraran de los trineos.

Los hombres de Scott comenzaron a sentir el frío poco tiempo después de partir. Sus ropas estaban hechas principalmente de lana. Una vez mojadas, las vestimentas demoraban mucho tiempo en secarse. Los hombres a menudo se quejaban de sentirse húmedos y fríos.

AMUNDSEN: Pasaron las semanas. Los perros de Amundsen adelgazaban debido al trabajo duro. Los hombres también estaban hambrientos. A algunos de ellos se les estaban congelando los dedos de las manos y los pies.

Ahora, un gran glaciar se interpuso en su camino. Los cansados perros luchaban para tirar de los trineos por el hielo escarpado. Clavaban sus garras profundamente en el hielo para mantener el equilibrio. Cada paso era una lucha. Continuaron así durante días.

SCOTT: Scott y sus hombres se estaban quedando más rezagados. Se desencadenó otra tormenta de nieve. Los hombres sabían que era demasiado peligroso conducir a los ponis a través de la tormenta. Scott y sus hombres permanecieron en su tienda de campaña a esperar que la tormenta cesara. Afuera, los ponis se hundían hasta sus vientres en la nieve nueva y húmeda.

La tormenta duró cuatro días. Los ponis no sobrevivieron. Ahora Scott y sus hombres tuvieron que tirar de los trineos ellos mismos.

Robert F. Scott, de Gran Bretaña. *Scott y su equipo llegaron al Polo Sur semanas después de Amundsen.*

AMUNDSEN: Los hombres de Amundsen estaban aún hambrientos y sufrían de congelamiento. Los perros se comían cualquier cosa que no estuviera vigilada. ¡Incluso trataron de comerse un par de botas!

Entonces, una tarde Amundsen detuvo los trineos. Revisó sus instrumentos de navegación. Entonces les dijo a sus hombres que estaban parados sobre el Polo Sur.

Los hombres no podían creer que habían sido los primeros en llegar al Polo. Izaron en el polo la bandera de Noruega. Dejaron una carpa con algunas provisiones y una nota para Scott.

SCOTT: Mientras Amundsen estaba en el Polo, Scott y sus hombres continuaban tirando de sus trineos. Estaban cada vez más enfermos y débiles. Pasaron las semanas.

Una mañana, Scott vio algo en la distancia. Era la bandera que Amundsen había dejado como señal. El corazón de Scott se deprimió porque sabía que había perdido la carrera.

Su equipo alcanzó el Polo 34 días después que Amundsen. Se sintieron decepcionados. No se quedaron mucho tiempo. Scott y su equipo comenzaron la larga marcha de regreso. Cada paso era una lucha. Se desencadenó una tormenta de nieve y no pudieron continuar.

Zapatos antideslizantes. *Los hombres de Scott usaban zapatos con clavos para ayudarse a caminar sobre el hielo.*

Misión de rescate

Meses después, un grupo de rescate encontró la tienda de Scott. Él y sus compañeros habían muerto de inanición y frío extremo.

Durante toda la expedición, Scott había llevado un diario. En él, escribió todo lo que había sucedido. Amundsen hizo lo mismo.

Volvemos a contar sus historias para inspirar a otros. Sus increíbles viajes condujeron a un estudio adicional de esta indómita parte del mundo, y la travesía continúa. Los exploradores de la actualidad van a los lugares más recónditos de nuestro planeta y aun más allá para realizar sorprendentes descubrimientos.

Equipo verdadero. *El equipo de Scott utilizó estos esquís y trineos.*

Alcanza tus metas

Únete a la carrera hacia los Polos y responde a estas preguntas.

 1 ¿Qué destrezas aprendió Henson de los esquimales?

2 ¿Cómo contribuyó Henson al éxito de su expedición?

3 ¿Por qué competían Scott y Amundsen por llegar al Polo Sur?

4 ¿En qué se parecieron los preparativos de Scott y Amundsen para sus viajes? ¿En qué se diferenciaron los preparativos?

5 ¿Qué dos preguntas tienes acerca de los viajes a los Polos? ¿Dónde puedes buscar para encontrar las respuestas?